AF205629

Impressum
Verlag: BABADADA GmbH, Nedderfeld 112 , 22529 Hamburg
Geschäftsführer / Verlagsleitung: Harald Hof
Druck: Books on Demand GmbH, In de Tarpen 42, 22848 Norderstedt

Imprint
Publisher: BABADADA GmbH, Nedderfeld 112 , 22529 Hamburg, Germany
Managing Director / Publishing direction: Harald Hof
Print: Books on Demand GmbH, In de Tarpen 42, 22848 Norderstedt

Schule
okul

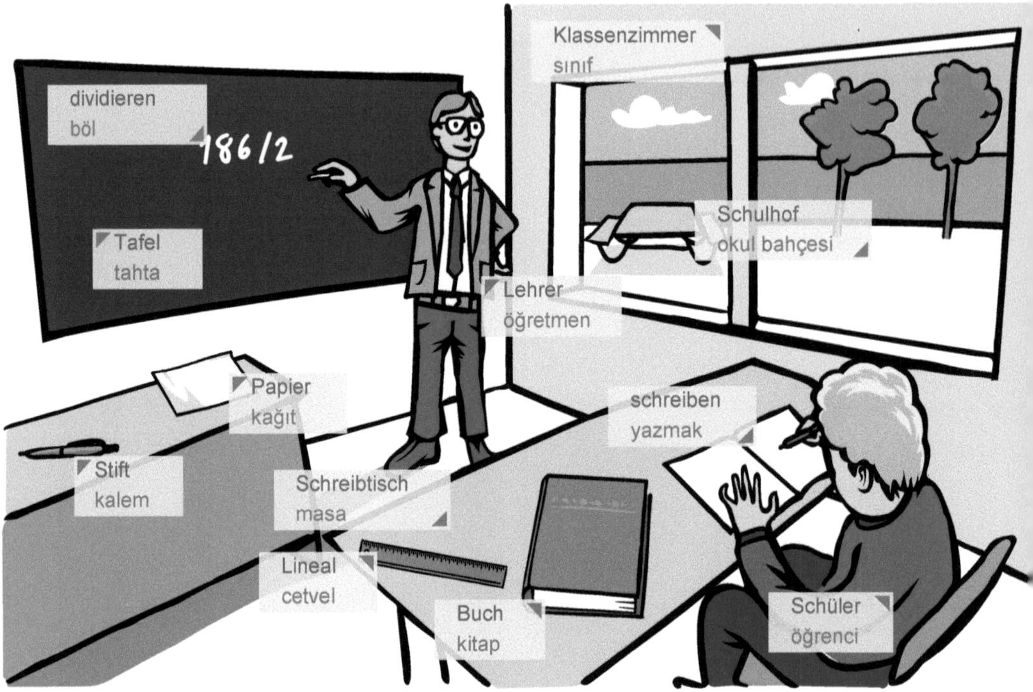

Klassenzimmer
sınıf
dividieren
böl
186/2
Tafel
tahta
Schulhof
okul bahçesi
Lehrer
öğretmen
Papier
kağıt
schreiben
yazmak
Stift
kalem
Schreibtisch
masa
Lineal
cetvel
Buch
kitap
Schüler
öğrenci

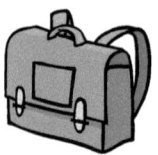

Ranzen

okul çantası

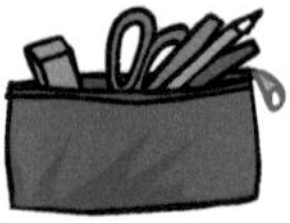

Federmappe

kalemlik

Bleistift

kurşun kalem

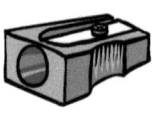

Bleistiftanspitzer

kalem açacağı

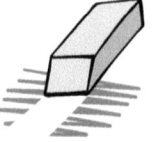

Radiergummi

silgi

Zeichenblock

çizim defteri

Zeichnung

çizim

Pinsel

resim fırçası

Malkasten

boya kutusu

Schere

makas

Klebstoff

tutkal

Übungsheft

alıştırma kitabı

Hausaufgabe

ödev

12

Zahl

sayı

2+2

addieren

ekle

5-2

subtrahieren

çıkar

2×2

multiplizieren

çarp

rechnen

hesapla

A

Buchstabe

harf

ABCDEFG
HIJKLMN
OPQRSTU
VWXYZ

Alphabet

alfabe

hello

Wort

kelime

Text
metin

lesen
okumak

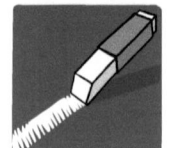

Kreide
tebeşir

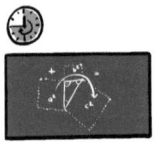

Stunde
ders

Klassenbuch
kayıt

Prüfung
sınav

Zeugnis
sertifika

Schuluniform
okul forması

Ausbildung
eğitim

Lexikon
ansiklopedi

Universität
üniversite

Mikroskop
mikroskop

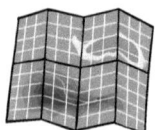

Karte
harita

Papierkorb
kağıt çöp kutusu

Hotel
otel

Grand

Herberge
pansiyon

ROOMS

Wechselstube
döviz bürosu

EXCHANGE

Koffer
bavul

Auto
otomobil

Sprache
dil

ja / nein
evet / hayır

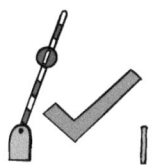

Okay
Tamam

Hallo
merhaba

Übersetzer
çevirmen

Danke
Teşekkür ederim

Was kostet...?

bu ... ne kadar?

Ich verstehe nicht

anlamadım

Problem

problem

Guten Abend!

İyi akşamlar!

Guten Morgen!

Günaydın!

Gute Nacht!

İyi geceler!

Auf Wiedersehen

güle güle

Richtung

yön

Gepäck

bagaj

Tasche

çanta

Rucksack

sırt çantası

Gast

misafir

Zimmer

oda

Schlafsack

uyku tulumu

Zelt

çadır

Touristeninformation	Strand	Kreditkarte
turist danışma	sahil	kredi kartı

Frühstück	Mittagessen	Abendessen
kahvaltı	öğle yemeği	akşam yemeği

Fahrkarte	Fahrstuhl	Briefmarke
Bilet	asansör	pul

Grenze	Zoll	Botschaft
sınır	gümrük	elçilik

Visum	Pass
vize	pasaport

Transport
ulaşım

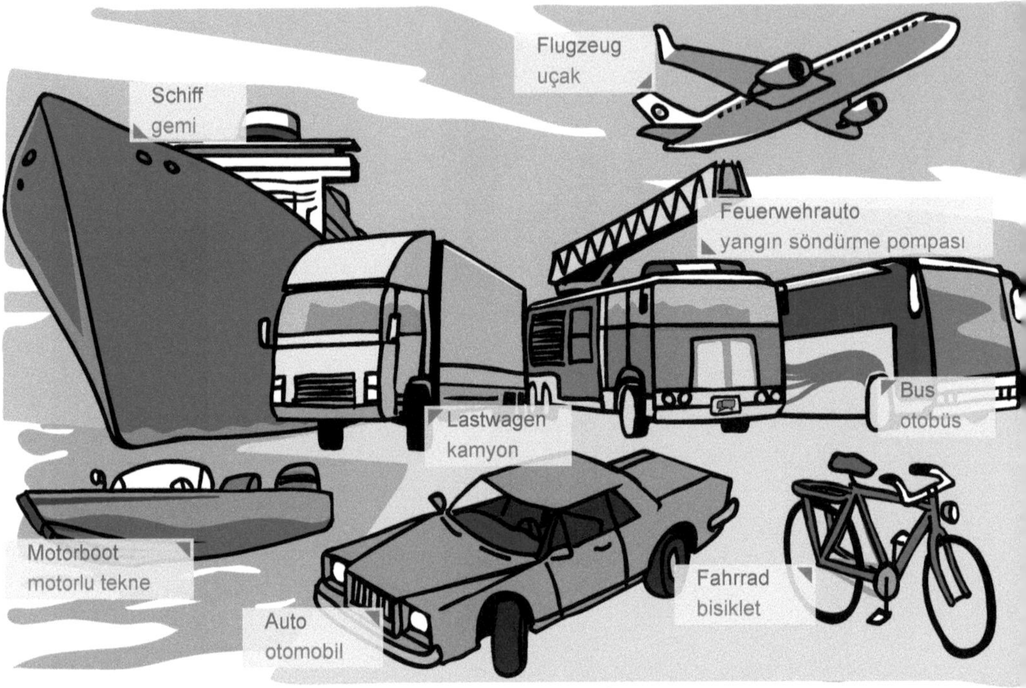
Flugzeug
uçak
Schiff
gemi
Feuerwehrauto
yangın söndürme pompası
Bus
otobüs
Lastwagen
kamyon
Motorboot
motorlu tekne
Fahrrad
bisiklet
Auto
otomobil

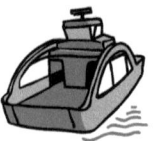

Fähre

feribot

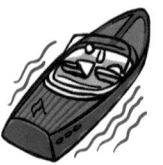

Boot

bot

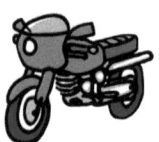

Motorrad

motosiklet

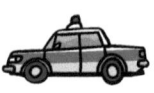

Polizeiauto

polis arabası

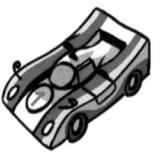

Rennauto

yarış arabası

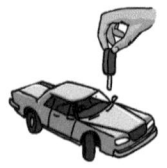

Mietwagen

kiralık araba

Carsharing

ortak araba

Abschleppwagen

çekici

Müllauto

çöp kamyonu

Motor

motor

Kraftstoff

yakıt

Tankstelle

benzinlik

Verkehrsschild

trafik işareti

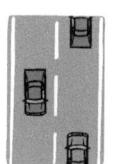

Verkehr

trafik

Stau

trafik sıkışıklığı

Parkplatz

otopark

Bahnhof

tren istasyonu

Schienen

ray

Zug

tren

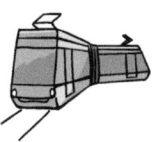

Straßenbahn

tramvay

Wagon

vagon

Helikopter

helikopter

Flughafen

havaalanı

Tower

kule

Passagier

yolcu

Container

konteyner

Karton

koli

Karren

yük arabası

Korb

sepet

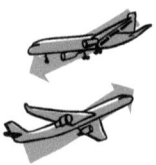

starten / landen

kalkış / iniş

Stadt

şehir

Dorf

köy

Stadtzentrum

şehir merkezi

Haus

ev

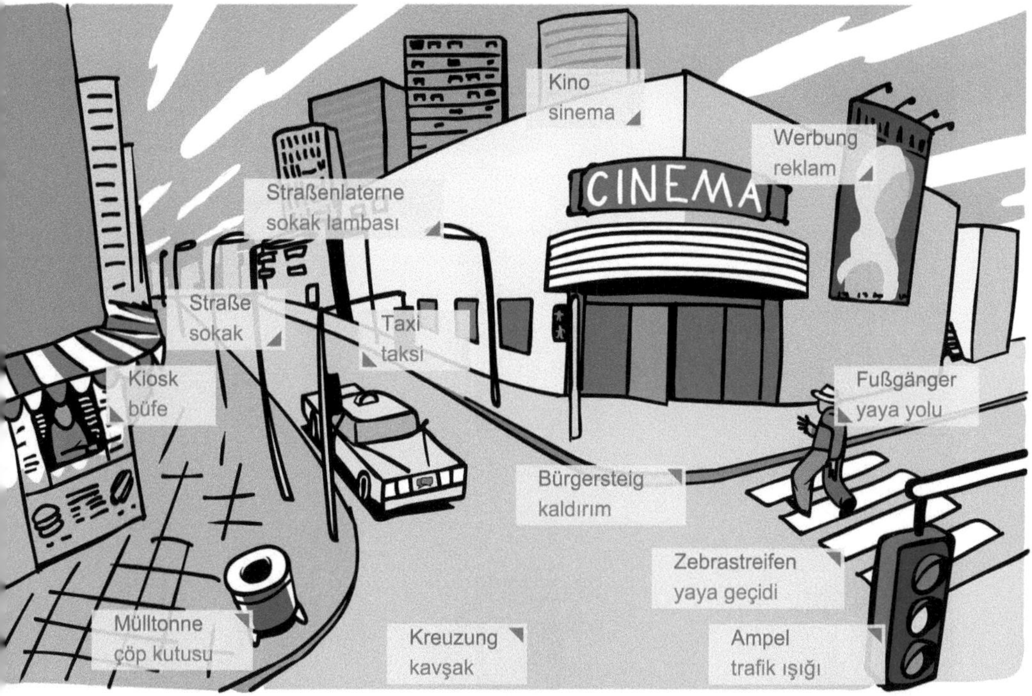

Kino
sinema

Werbung
reklam

Straßenlaterne
sokak lambası

Straße
sokak

Taxi
taksi

CINEMA

Kiosk
büfe

Fußgänger
yaya yolu

Bürgersteig
kaldırım

Zebrastreifen
yaya geçidi

Mülltonne
çöp kutusu

Kreuzung
kavşak

Ampel
trafik ışığı

Hütte

kulübe

Wohnung

apartman dairesi

Bahnhof

tren istasyonu

Rathaus

belediye binası

Museum

müze

Schule

okul

Universität

üniversite

Bank

banka

Krankenhaus

hastane

Hotel

otel

Apotheke

eczane

Büro

ofis

Buchhandlung

kitapçı

Geschäft

mağaza

Blumenladen

çiçekçi

Supermarkt

süpermarket

Markt

market

Kaufhaus

büyük mağaza

Fischhändler

balık satıcısı

Einkaufszentrum

alışveriş merkezi

Hafen

liman

Park

park

Bank

bank

Brücke

köprü

Treppe

merdiven

U-Bahn

metro

Tunnel

tünel

Bushaltestelle

otobüs durağı

Bar

bar

Restaurant

restoran

Briefkasten

posta kutusu

Straßenschild

sokak tabelası

Parkuhr

otopark sayacı

Zoo

hayvanat bahçesi

Badeanstalt

yüzme havuzu

Moschee

cami

Bauernhof

çiftlik

Umweltverschmutzung

kirlilik

Friedhof

mezarlık

Kirche

kilise

Spielplatz

oyun alanı

Tempel

tapınak

Landschaft

arazi

Blatt
yaprak

Wegweiser
yön tabelası

Weg
yol

Wiese
çayır

Stein
taş

Baum
ağaç

Wanderer
yürüyüşçü

Fluss
ırmak

Gras
çimen

Blume
çiçek

Tal

vadi

Berg

tepe

See

göl

Wald

orman

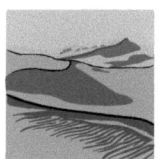

Wüste

çöl

Vulkan

volkan

Schloss

kale

Regenbogen

gökkuşağı

Pilz

mantar

Palme

palmiye

Moskito

sivrisinek

Fliege

sinek

Ameise

karınca

Biene

arı

Spinne

örümcek

Käfer

böcek

Frosch

kurbağa

Eichhörnchen

sincap

Igel

kirpi

Hase

yabani tavşan

Eule

baykuş

Vogel

kuş

Schwan

kuğu

Wildschwein

yaban domuzu

Hirsch

geyik

Elch

geyik

Staudamm

baraj

Windrad

rüzgar türbini

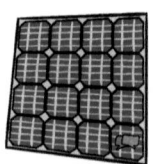

Solarmodul

güneş paneli

Klima

iklim

Restaurant
restoran

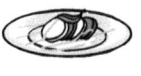

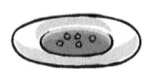

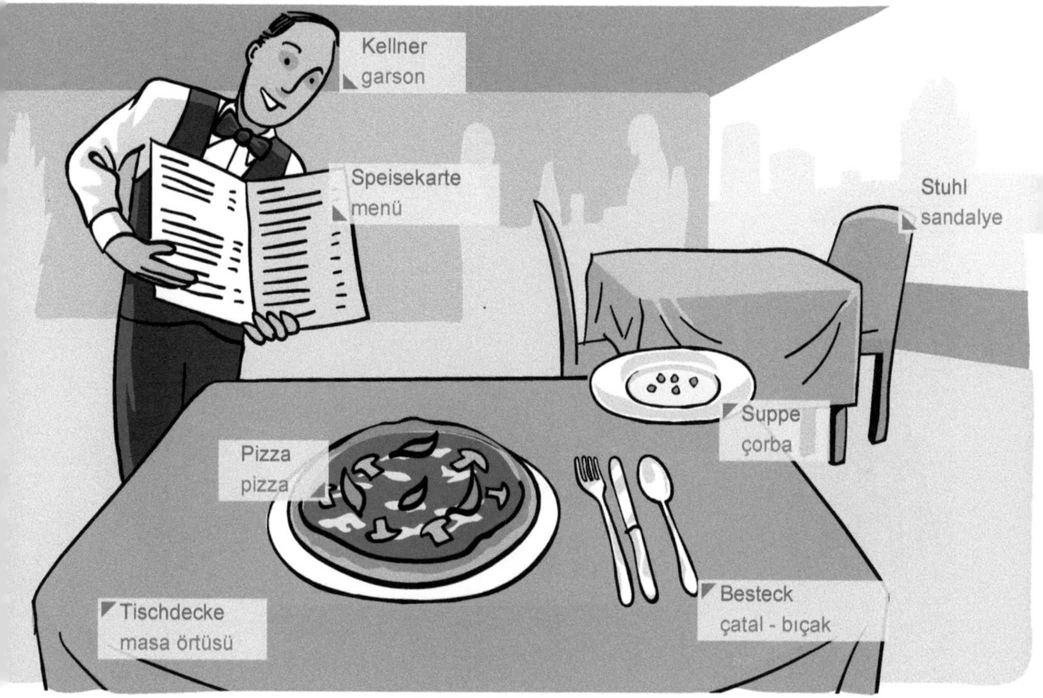
Kellner
garson
Speisekarte
menü
Stuhl
sandalye
Suppe
çorba
Pizza
pizza
Tischdecke
masa örtüsü
Besteck
çatal - bıçak

Vorspeise
başlangıç

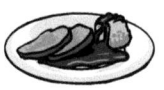

Hauptgericht
ana yemek

Nachspeise
tatlı

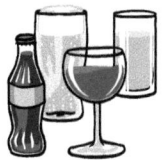

Getränke
içecekler

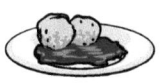

Essen
yemek

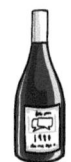

Flasche
şişe

Fastfood

fastfood

Streetfood

sokak yemeği

Teekanne

çaydanlık

Zuckerdose

şekerlik

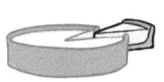

Portion

porsiyon

Espressomaschine

espresso makinesi

Hochstuhl

mama sandalyesi

Rechnung

fatura

Tablett

tepsi

Messer

bıçak

Gabel

çatal

Löffel

kaşık

Teelöffel

çay kaşığı

Serviette

servis peçetesi

Glas

bardak

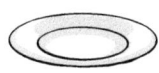

Teller
tabak

Suppenteller
çorba kasesi

Untertasse
fincan altlığı

Sauce
sos

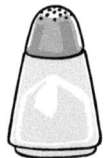

Salzstreuer
tuzluk

Pfeffermühle
karabiber değirmeni

Essig
sirke

Öl
yağ

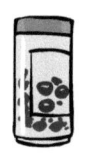

Gewürze
baharat

Ketchup
ketçap

Senf
hardal

Mayonnaise
mayonez

Supermarkt
süpermarket

Angebot
özel teklif
FOR
Kunde
müşteri
Milchprodukte
süt ürünleri
Obst
meyve
Einkaufswagen
alışveriş arabası

BUTCHERS

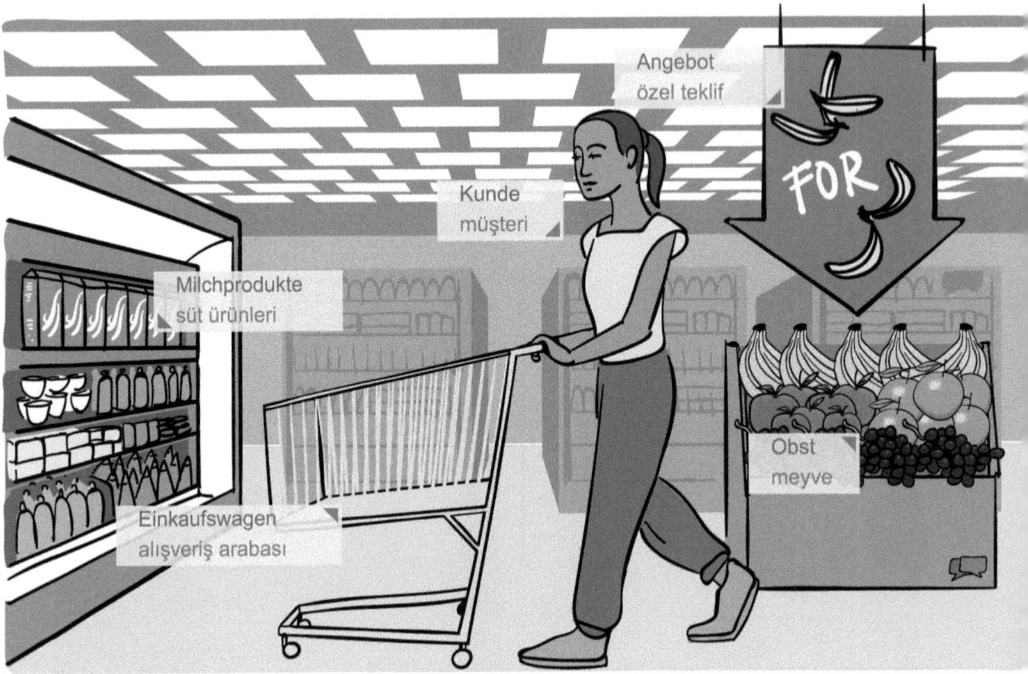

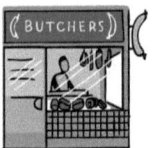

Schlachterei

kasap

BAKERY

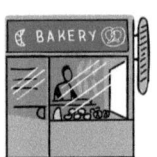

Bäckerei

fırın

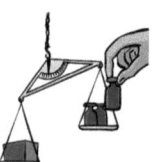

wiegen

tartmak

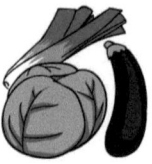

Gemüse

sebze

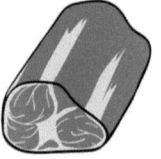

Fleisch

et

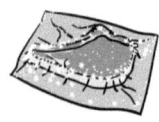

Tiefkühlkost

donmuş gıda

Aufschnitt

söğüş et

Konserven

konserve yiyecek

Waschmittel

toz deterjan

Süßigkeiten

şekerlemeler

Haushaltsartikel

ev temizlik ürünleri

Reinigungsmittel

temizlik ürünleri

Verkäuferin

satış görevlisi

Kasse

yazar kasa

Kassierer

kasiyer

Einkaufsliste

alışveriş listesi

Öffnungszeiten

açılış saatleri

Brieftasche

cüzdan

Kreditkarte

kredi kartı

Tasche

çanta

Plastiktüte

plastik poşet

Wasser

su

Saft

meyve suyu

Milch

süt

Cola

kola

Wein

şarap

Bier

bira

Alkohol

alkol

Kakao

kakao

Tee

çay

Kaffee

kahve

Espresso

espresso

Cappuccino

kapuçino

Banane

muz

Apfel

elma

Orange

portakal

Melone

kavun

Zitrone

limon

Karotte

havuç

Knoblauch

sarımsak

Bambus

bambu

Zwiebel

soğan

Pilz

mantar

Nüsse

çerez

Nudeln

makarna

Spaghetti

spagetti

Reis

pirinç

Salat

salata

Pommes frites

cips

Bratkartoffeln

patates kızartması

Pizza

pizza

Hamburger

hamburger

Sandwich

sandviç

Schnitzel

şinitzel

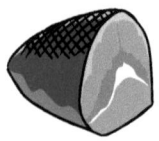

Schinken

pastırma

Salami

salam

Wurst

sosis

Huhn

tavuk

Braten

rosto

Fisch

balık

Haferflocken

yulaf ezmesi

Müsli

müsli

Cornflakes

mısır gevreği

Mehl

un

Croissant

kruvasan

Brötchen

küçük ekmek

Brot

ekmek

Toast

tost

Kekse

bisküvi

Butter

tereyağı

Quark

kaymak

Kuchen

kek

Ei

yumurta

Spiegelei

sahanda yumurta

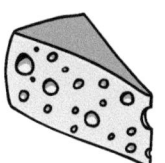

Käse

peynir

Eiscreme

dondurma

Zucker

şeker

Honig

bal

Marmelade

reçel

Nougat-Creme

fındık ezmesi

Curry

köri

Bauernhof
çiftlik

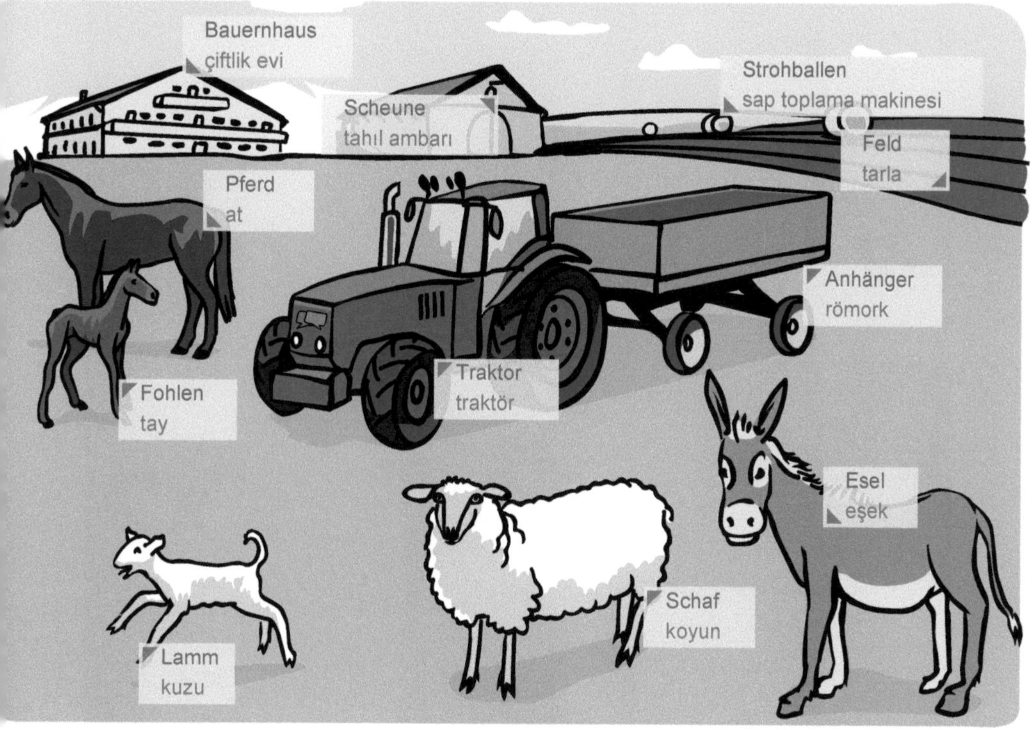
Bauernhaus
çiftlik evi
Scheune
tahıl ambarı
Strohballen
sap toplama makinesi
Feld
tarla
Pferd
at
Anhänger
römork
Traktor
traktör
Fohlen
tay
Esel
eşek
Schaf
koyun
Lamm
kuzu

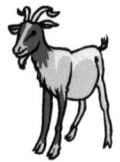

Ziege
keçi

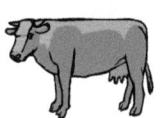

Kuh
inek

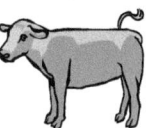

Kalb
buzağı

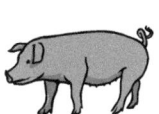

Schwein
domuz

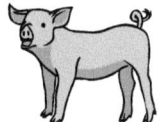

Ferkel
domuz yavrusu

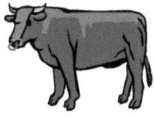

Bulle
boğa

Gans

kaz

Ente

ördek

Küken

civciv

Huhn

tavuk

Hahn

horoz

Ratte

sıçan

Katze

kedi

Maus

fare

Ochse

öküz

Hund

köpek

Hundehütte

köpek kulübesi

Gartenschlauch

bahçe hortumu

Gießkanne

sulama kabı

Sense

tırpan

Pflug

pulluk

Sichel
orak

Hacke
çapa

Mistgabel
dirgen

Axt
balta

Schubkarre
el arabası

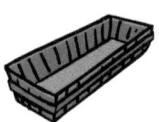

Trog
yemlik

Milchkanne
süt kovası

Sack
çuval

Zaun
çit

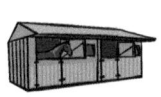

Stall
ahır

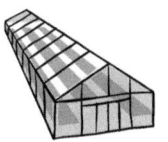

Treibhaus
sera

Boden
toprak

Saat
tohum

Dünger
gübre

Mähdrescher
biçerdöver

ernten

hasat etmek

Ernte

harman

Yamswurzel

tatlı patates

Weizen

buğday

Soja

soya

Kartoffel

patates

Mais

mısır

Raps

kolza

Obstbaum

meyve ağacı

Maniok

manyok

Getreide

hububat

Schornstein
baca

Dach
çatı

Regenrinne
yağmur oluğu

Fenster
pencere

Garage
garaj

Klingel
kapı zili

Tür
kapı

Mülleimer
çöp kutusu

Briefkasten
posta kutusu

Garten
bahçe

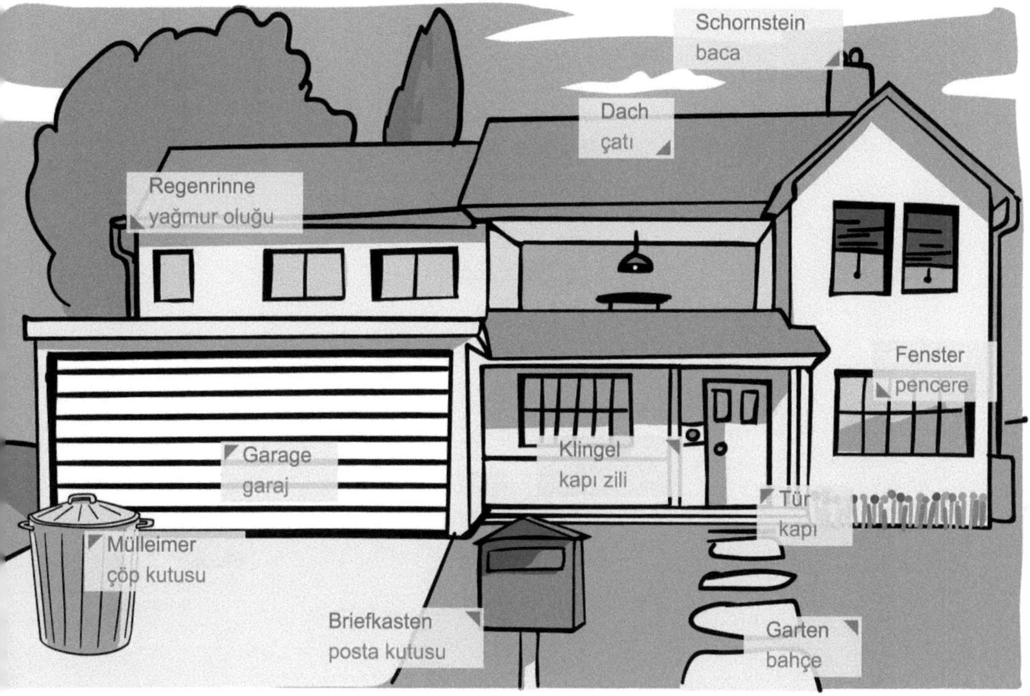

Wohnzimmer
oturma odası

Badezimmer
banyo

Küche
mutfak

Schlafzimmer
yatak odası

Kinderzimmer
çocuk odası

Esszimmer
yemek odası

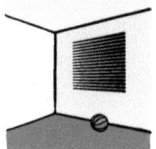	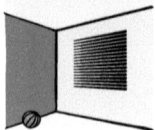	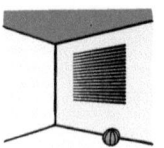
Boden	Wand	Decke
zemin	duvar	tavan

Keller	Sauna	Balkon
kiler	sauna	balkon
	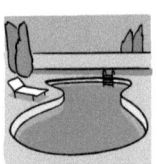	
Terrasse	Schwimmbad	Rasenmäher
teras	havuz	çim biçme makinesi
		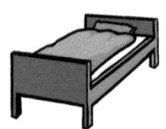
Bettbezug	Bettdecke	Bett
çarşaf	yatak örtüsü	yatak

Besen	Eimer	Schalter
süpürge	kova	anahtar

Wohnzimmer

oturma odası

Tapete
duvar kağıdı
Bild
resim
Lampe
lamba
Regal
raf
Schrank
dolap
Fernseher
televizyon
Kamin
şömine
Blume
çiçek
Kissen
minder
Sofa
kanepe
Vase
vazo
Fernbedienung
uzaktan kumanda

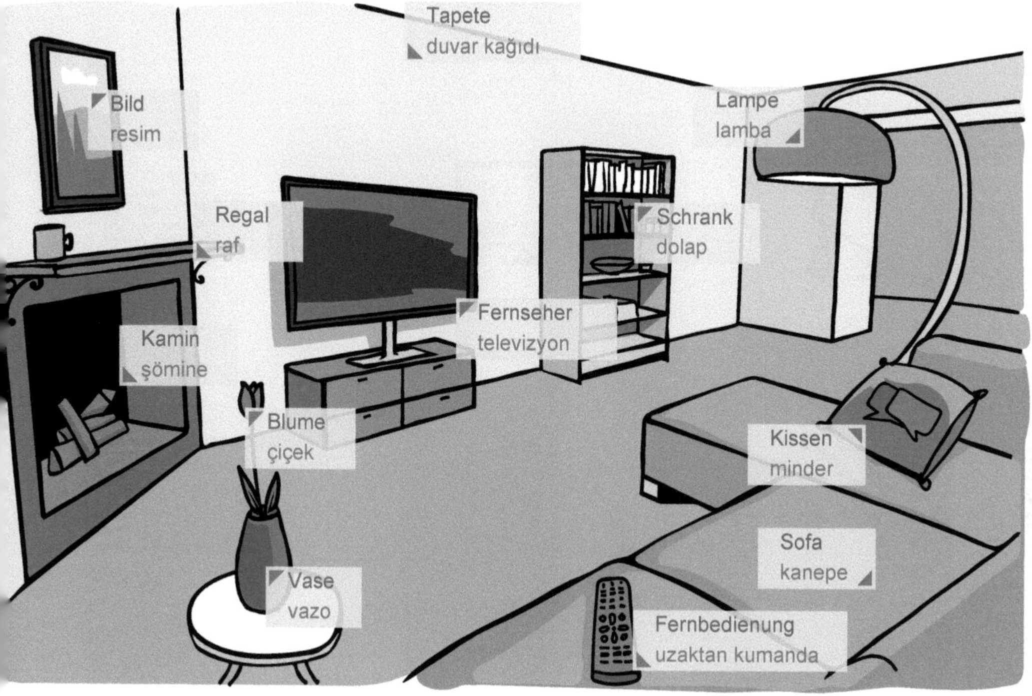

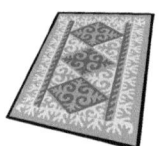

Teppich

halı

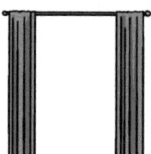

Vorhang

perde

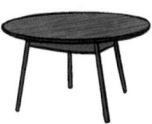

Tisch

masa

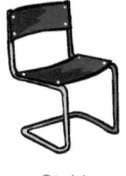

Stuhl

sandalye

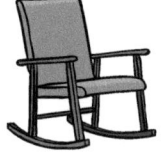

Schaukelstuhl

salıncaklı koltuk

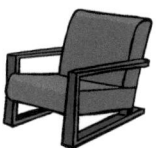

Sessel

koltuk

Buch

kitap

Decke

battaniye

Dekoration

dekor

Feuerholz

odun

Film

film

Stereoanlage

hi-fi

Schlüssel

anahtar

Zeitung

gazete

Gemälde

tablo

Poster

poster

Radio

radyo

Notizblock

defter

Staubsauger

elektrikli süpürge

Kaktus

kaktüs

Kerze

mum

Küche
mutfak

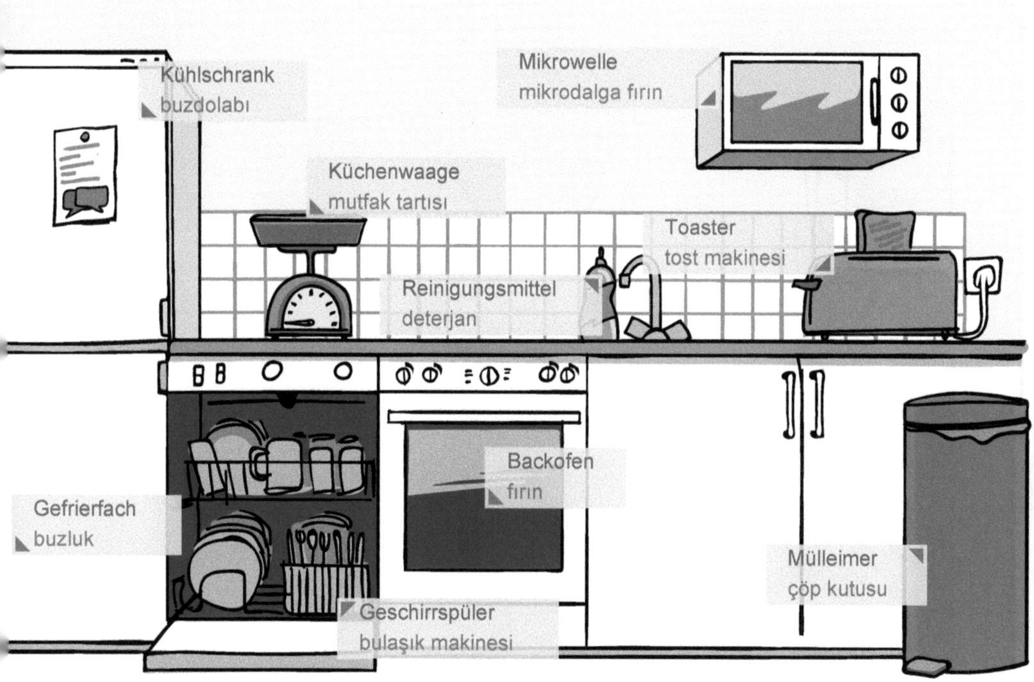

Kühlschrank
buzdolabı
Mikrowelle
mikrodalga fırın
Küchenwaage
mutfak tartısı
Toaster
tost makinesi
Reinigungsmittel
deterjan
Backofen
fırın
Gefrierfach
buzluk
Mülleimer
çöp kutusu
Geschirrspüler
bulaşık makinesi

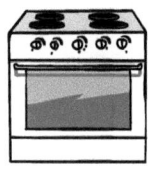

Herd
ocak

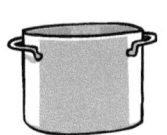

Topf
tencere

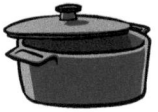

Eisentopf
döküm tencere

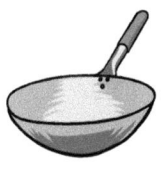

Wok / Kadai
wok

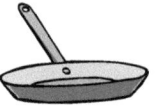

Pfanne
tava

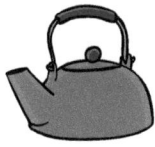

Wasserkocher
su ısıtıcı

Dampfgarer

buharlı pişirici

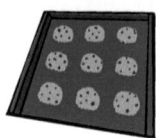

Backblech

pişirme tepsisi

Geschirr

tabak takımı

Becher

kupa

Schale

kase

Essstäbchen

çubuk (çin yemeği)

Suppenkelle

kepçe

Pfannenwender

spatula

Schneebesen

çırpma teli

Kochsieb

süzgeç

Sieb

elek

Reibe

rende

Mörser

havan

Grill

barbekü

Feuerstelle

açık ateş

Schneidebrett

kesme tahtası

Nudelholz

merdane

Korkenzieher

tirbüşon

Dose

konserve kutusu

Dosenöffner

konserve açacağı

Topflappen

fırın eldiveni

Waschbecken

evye

Bürste

fırça

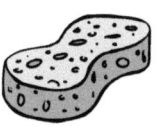

Schwamm

sünger

Mixer

blender

Gefriertruhe

derin dondurucu

Babyflasche

biberon

Wasserhahn

musluk

Küche - mutfak

Badezimmer
banyo

Heizung
ısıtma
Handtuch
havlu
Dusche
duş
Duschvorhang
duş perdesi
Schaumbad
köpük banyosu
Badewanne
küvet
Glas
bardak
Waschmaschine
çamaşır makinesi
Wasserhahn
musluk
Fliesen
fayans
Töpfchen
lazımlık
Waschbecken
evye

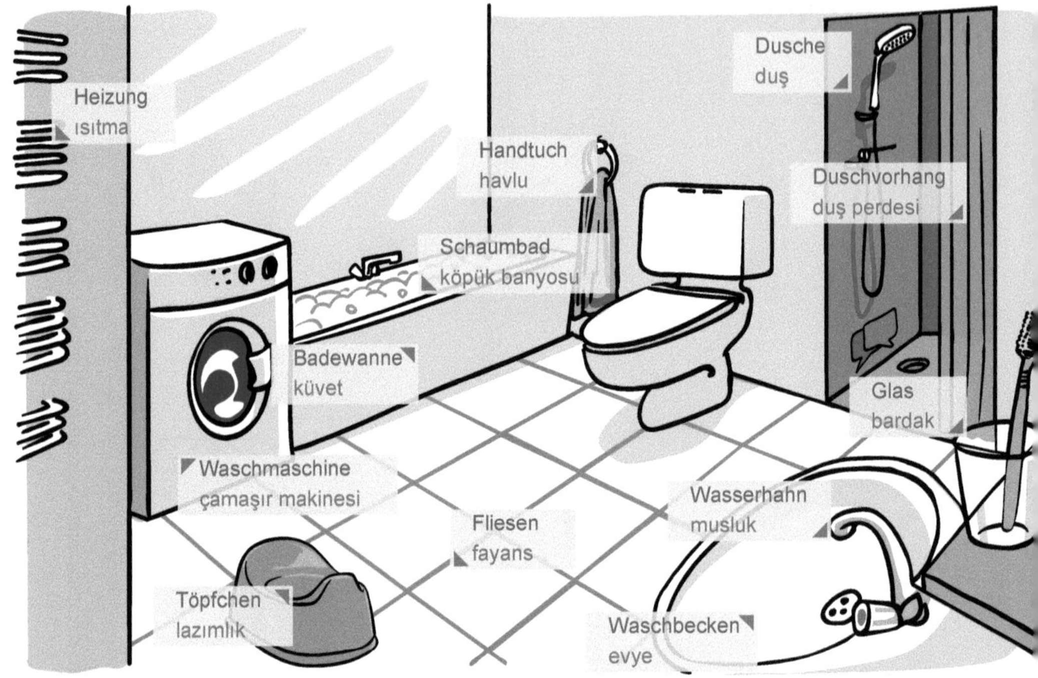

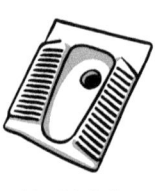

Toilette
tuvalet

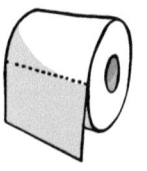

Hocktoilette
alaturka tuvalet

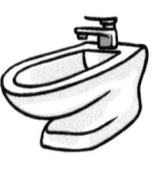

Bidet
bide

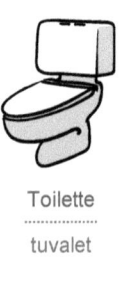

Pissoir
pisuvar

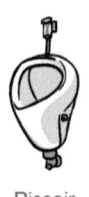

Toilettenpapier
tuvalet kağıdı

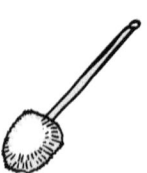

Toilettenbürste
tuvalet fırçası

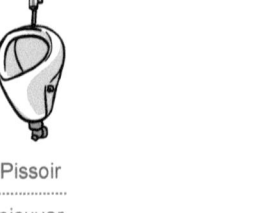

Zahnbürste

diş fırçası

Zahnpasta

diş macunu

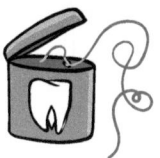

Zahnseide

diş ipi

waschen

yıkamak

Handbrause

duş başlığı

Intimdusche

duş başlığı şeklinde taharet musluğu

Waschschüssel

küvet

Rückenbürste

banyo fırçası

Seife

sabun

Duschgel

duş jeli

Shampoo

şampuan

Waschlappen

banyo lifi

Abfluss

gider

Creme

krem

Deodorant

deodorant

Spiegel

ayna

Kosmetikspiegel

el aynası

Rasierer

jilet

Rasierschaum

tıraş köpüğü

Rasierwasser

tıraş losyonu

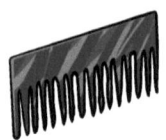

Kamm

tarak

Bürste

fırça

Föhn

saç kurutma makinesi

Haarspray

saç spreyi

Makeup

makyaj

Lippenstift

ruj

Nagellack

tırnak cilası

Watte

pamuk

Nagelschere

tırnak makası

Parfum

parfüm

Kulturbeutel

makyaj çantası

Hocker

tabure

Waage

tartı

Bademantel

bornoz

Gummihandschuhe

lastik eldiven

Tampon

tampon

Damenbinde

kadın pedi

Chemietoilette

kimyevi tuvalet

Kinderzimmer
çocuk odası

Wecker
çalar saat
Kuscheltier
peluş oyuncak
Spielzeugauto
oyuncak araba
Rassel
çıngırak
Puppenhaus
bebek evi
Geschenk
hediye

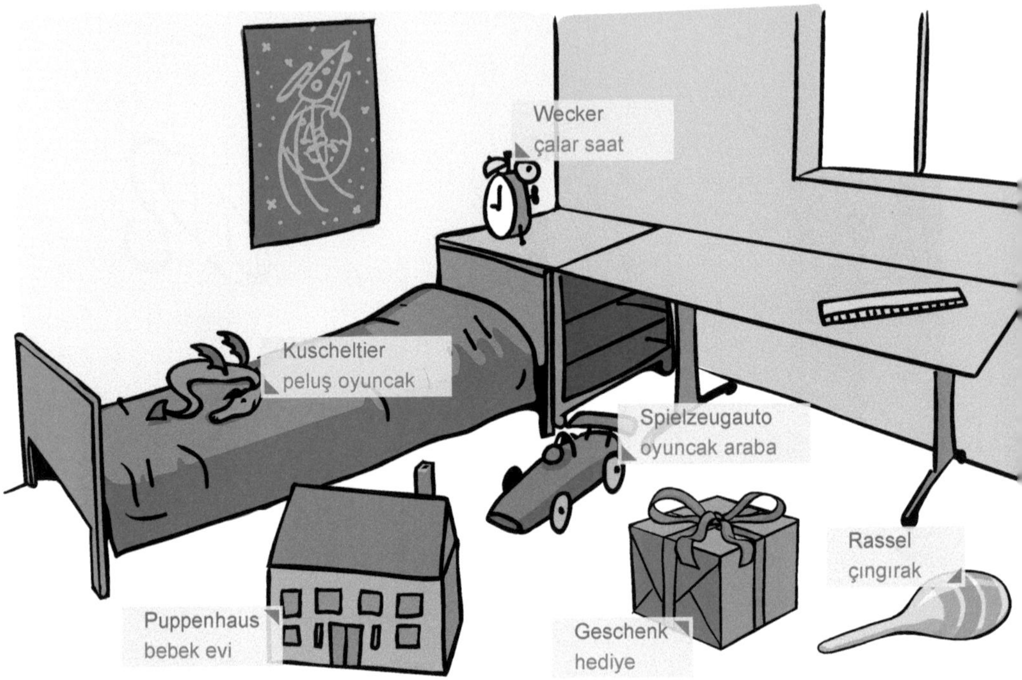

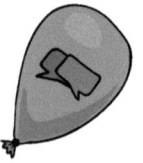

Ballon

balon

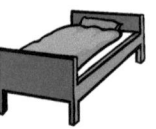

Bett

yatak

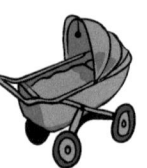

Kinderwagen

bebek arabası

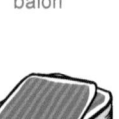

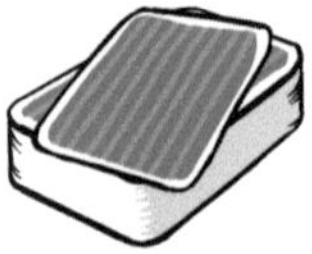

Kartenspiel

kart destesi

Puzzle

yapboz

SUPER
MEGA

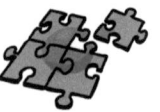

Comic

çizgi roman

Legosteine

lego tuğlaları

Bausteine

lego blokları

Action Figur

aksiyon figürü

Strampelanzug

zıbın

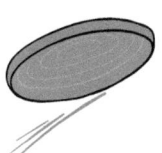

Frisbee

frizbi

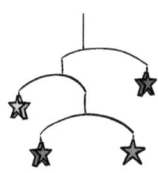

Mobile

dönence

Brettspiel

masa oyunu

Würfel

zar

Modelleisenbahn

model tren seti

Schnuller

emzik

Party

parti

Bilderbuch

resimli kitap

Ball

top

Puppe

oyuncak bebek

spielen

oynamak

Sandkasten

kum havuzu

Schaukel

salıncak

Spielzeug

oyuncaklar

Spielkonsole

video oyun konsolu

Dreirad

üç tekerlekli bisiklet

Teddy

oyuncak ayı

Kleiderschrank

gardırop

Kleidung

kıyafet

Socken

çorap

Strümpfe

külotlu çorap

Strumpfhose

tayt

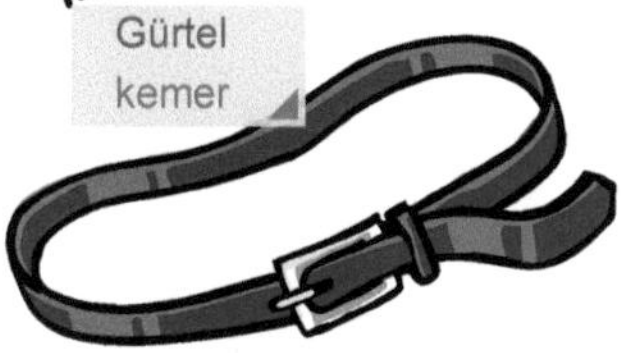

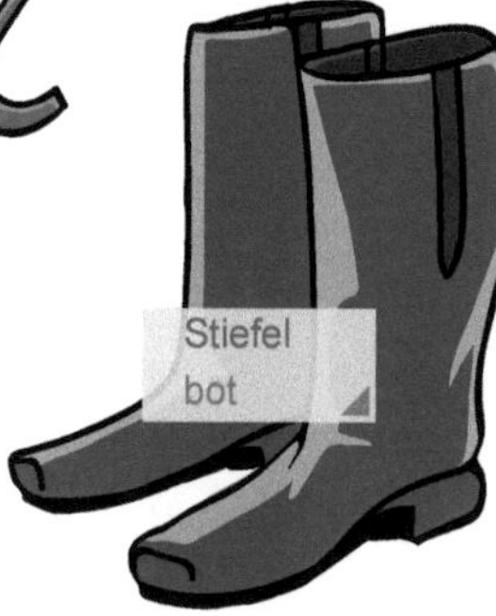

Schal
eşarp

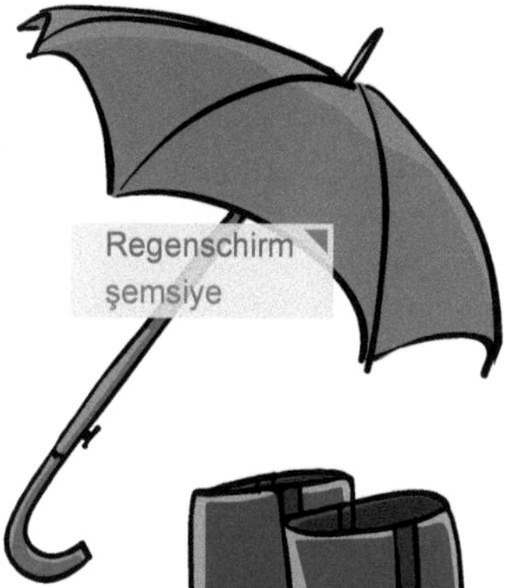

Regenschirm
şemsiye

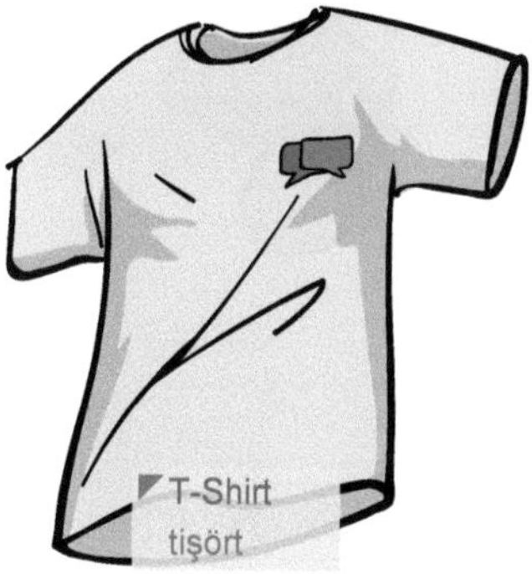

Gürtel
kemer

T-Shirt
tişört

Turnschuhe
spor ayakkabı

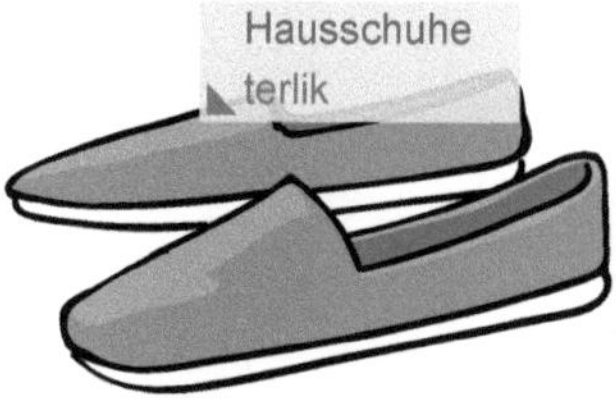

Stiefel
bot

Hausschuhe
terlik

Sandalen
....
sandalet

Schuhe
....
ayakkabı

Gummistiefel
....
lastik çizme

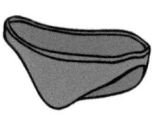

Unterhose
....
külot

Büstenhalter
....
sütyen

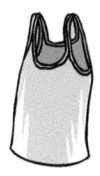

Unterhemd
....
yelek

Body

dar bluz

Hose

pantolon

Jeans

kot pantolon

Rock

etek

Bluse

bluz

Hemd

gömlek

Pullover

kazak

Kapuzenpullover

süveter

Blazer

blazer

Jacke

ceket

Mantel

mont

Regenmantel

yağmurluk

Kostüm

kostüm

Kleid

elbise

Hochzeitskleid

gelinlik

Anzug

takım elbise

Nachthemd

gecelik

Schlafanzug

pijama

Sari

sari

Kopftuch

baş örtüsü

Turban

türban

Burka

burka

Kaftan

kaftan

Abaya

çarşaf

Badeanzug

mayo

Badehose

erkek mayosu

Kurze Hose

şort

Trainingsanzug

eşofman

Schürze

önlük

Handschuhe

eldiven

Knopf

düğme

Brille

gözlük

Armband

bilezik

Halskette

kolye

Ring

yüzük

Ohrring

küpe

Mütze

kep

Kleiderbügel

portmanto

Hut

şapka

Krawatte

kravat

Reißverschluss

fermuar

Helm

kask

Hosenträger

pantolon askısı

Schuluniform

okul forması

Uniform

üniforma

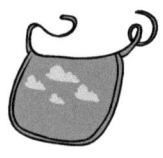

Lätzchen

mama önlüğü

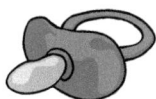

Schnuller

emzik

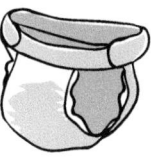

Windel

bebek bezi

Büro
ofis

Server
sunucu
Aktenschrank
dosya dolabı
Drucker
yazıcı
Papier
kağıt
Monitor
monitör
Schreibtisch
masa
Maus
fare
Ordner
klasör
Tastatur
klavye
Papierkorb
kağıt çöp kutusu
Computer
bilgisayar
Stuhl
sandalye

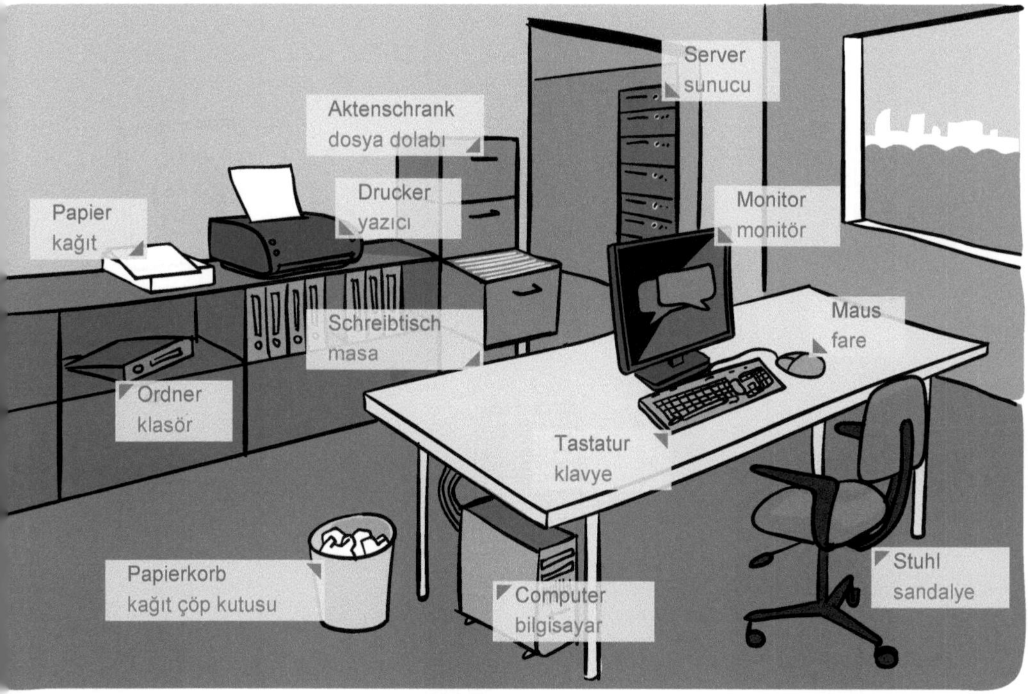

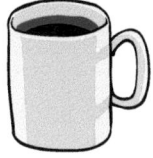

Kaffeebecher

kahve fincanı

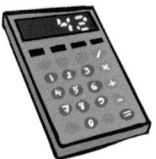

Taschenrechner

hesap makinesi

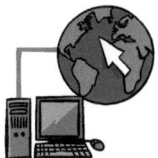

Internet

internet

Laptop

dizüstü

Brief

mektup

Nachricht

mesaj

Handy

cep telefonu

Netzwerk

ağ

Kopierer

fotokopi makinesi

Software

yazılım

Telefon

telefon

Steckdose

priz

Fax

faks makinesi

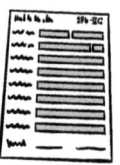

Formular

form

Dokument

belge

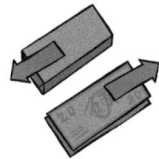

kaufen

satın almak

bezahlen

ödemek

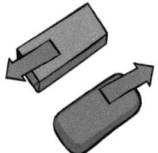

handeln

ticaret yapmak

Geld

para

Dollar

dolar

Euro

avro

Yen

yen

Rubel

ruble

Franken

İsviçre frangı

Renminbi Yuan

Çin yuanı

Rupie

rupi

Geldautomat

kasa

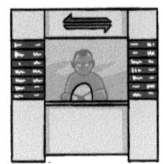

Wechselstube

döviz bürosu

Gold

altın

Silber

gümüş

Öl

petrol

Energie

enerji

Preis

fiyat

Vertrag

kontrat

Steuer

vergi

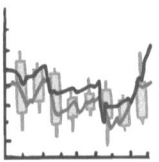

Aktie

menkul değer

arbeiten

çalışmak

Angestellter

işveren

Arbeitgeber

işçi

Fabrik

fabrika

Geschäft

mağaza

Berufe
meslekler

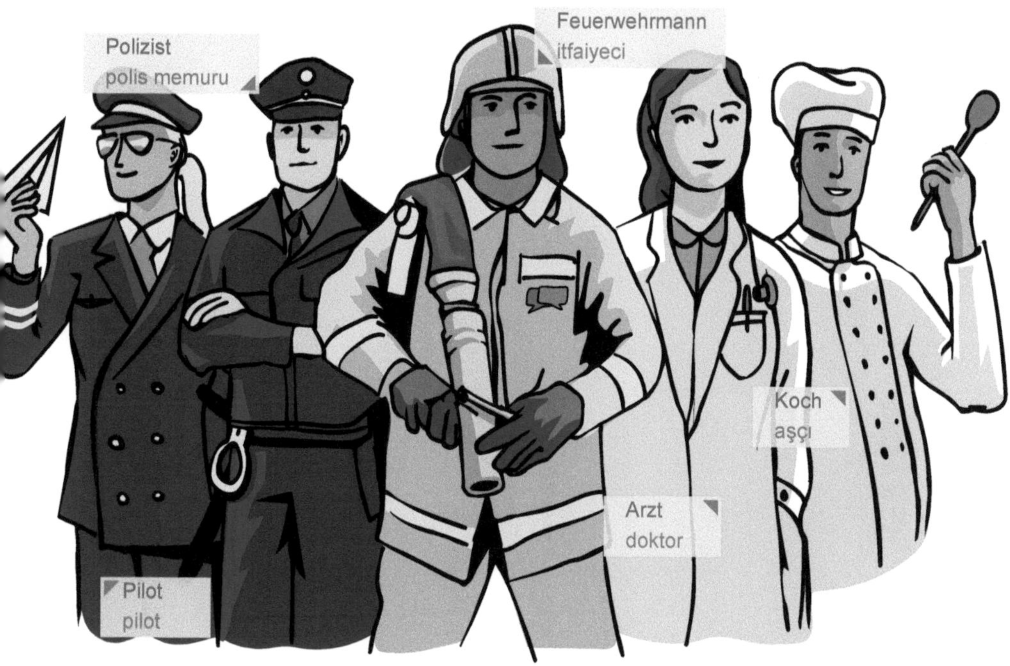
Polizist
polis memuru
Feuerwehrmann
itfaiyeci
Koch
aşçı
Arzt
doktor
Pilot
pilot

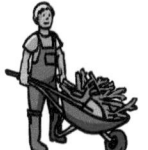

Gärtner

bahçıvan

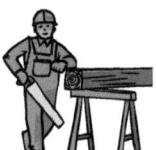

Tischler

marangoz

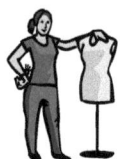

Näherin

terzi

Richter

hakim

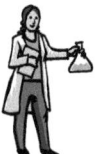

Chemiker

kimyager

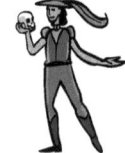

Schauspieler

aktör

Busfahrer

otobüs şoförü

Taxifahrer

taksi şoförü

Fischer

balıkçı

Putzfrau

temizlikçi

Dachdecker

çatı ustası

Kellner

garson

Jäger

avcı

Maler

boyacı

Bäcker

fırıncı

Elektriker

elektrikçi

Bauarbeiter

inşaatçı

Ingenieur

mühendis

Schlachter

kasap

Klempner

muslukçu

Postbote

postacı

Soldat

asker

Architekt

mimar

Kassierer

kasiyer

Florist

çiçekçi

Friseur

kuaför

Schaffner

kondüktör

Mechaniker

tamirci

Kapitän

kaptan

Zahnarzt

dişçi

Wissenschaftler

bilim insanı

Rabbi

haham

Imam

imam

Mönch

keşiş

Geistlicher

rahip

Werkzeuge

aletler

Hammer
çekiç
Zange
penseler
Schraubendreher
tornavida
Schraubenschlüssel
İngiliz anahtarı
Taschenlampe
el feneri

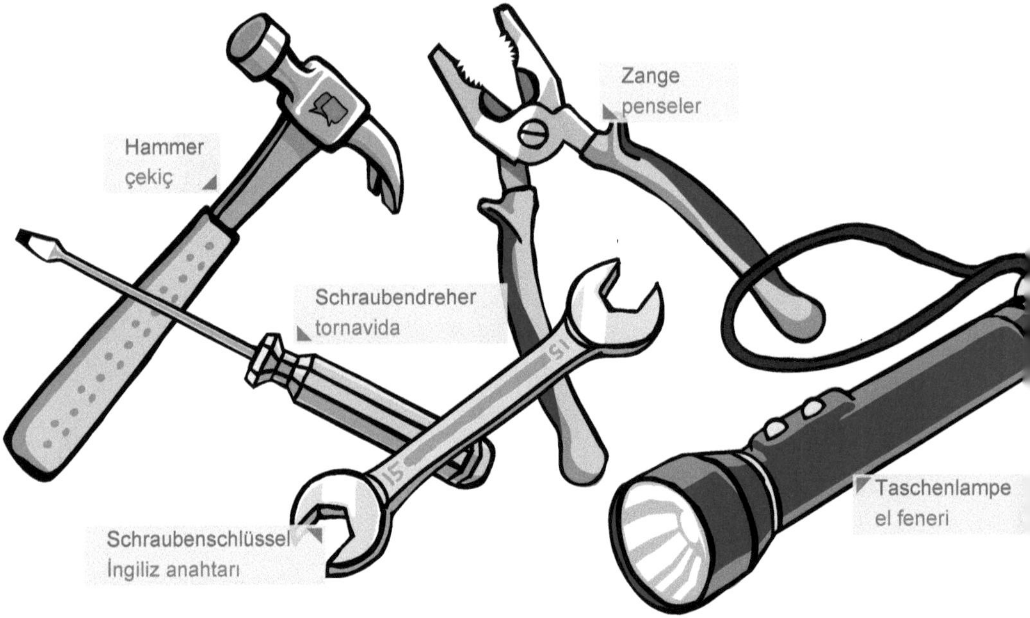

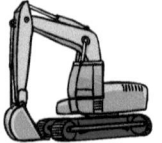

Bagger

kazı makinesi

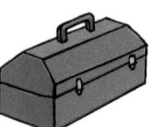

Werkzeugkasten

alet çantası

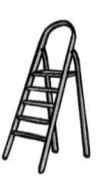

Leiter

merdiven

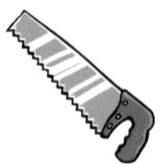

Säge

testere

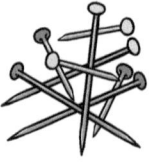

Nägel

çiviler

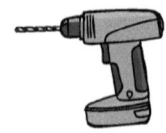

Bohrer

matkap

reparieren

tamir etmek

Schaufel

kürek

Mist!

Kahretsin!

Kehrblech

faraş

Farbtopf

boya tenekesi

Schrauben

vidalar

Musikinstrumente
müzik enstrümanı

Klavier

piyano

Violine

keman

Bass

basgitar

Pauke

timpani

Trommeln

bateri

Keyboard

klavye

Saxophon

saksafon

Flöte

flüt

Mikrofon

mikrofon

Zoo

hayvanat bahçesi

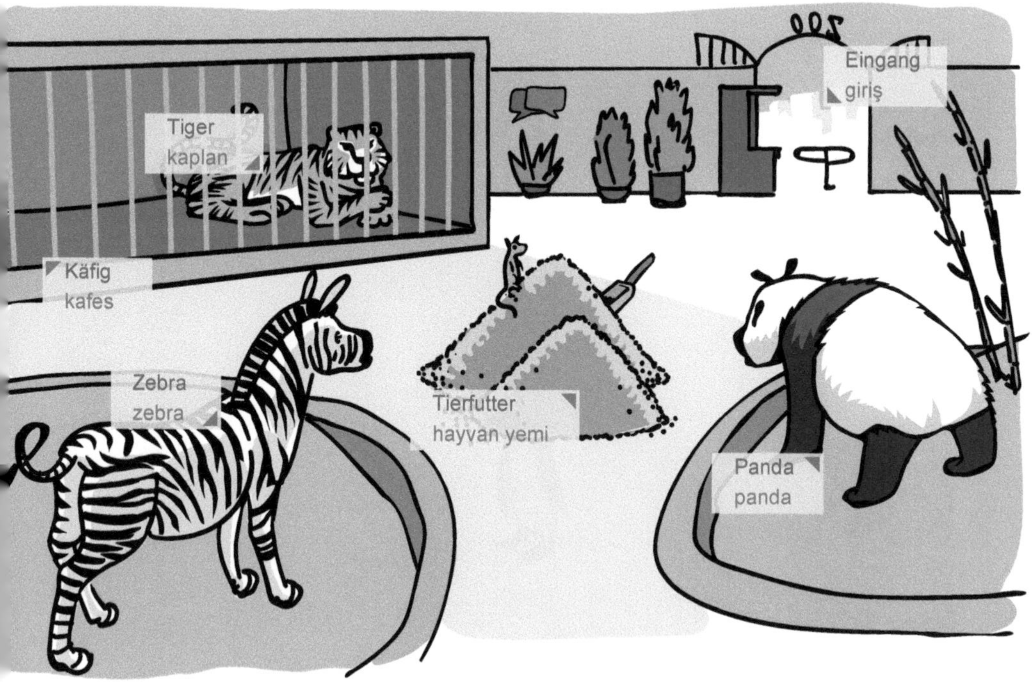

Eingang
giriş
Tiger
kaplan
Käfig
kafes
Zebra
zebra
Tierfutter
hayvan yemi
Panda
panda

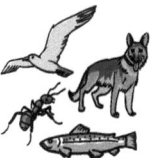

Tiere

hayvanlar

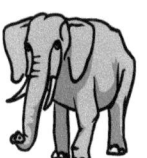

Elefant

fil

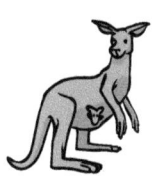

Känguru

kanguru

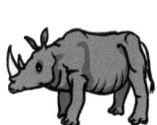

Nashorn

gergedan

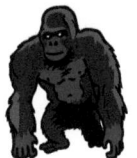

Gorilla

goril

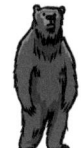

Bär

ayı

Kamel

deve

Strauß

deve kuşu

Löwe

aslan

Affe

maymun

Flamingo

flamingo

Papagei

papağan

Eisbär

kutup ayısı

Pinguin

penguen

Hai

köpek balığı

Pfau

tavus kuşu

Schlange

yılan

Krokodil

timsah

Zoowärter

hayvanat bahçesi görevlisi

Robbe

fok

Jaguar

jaguar

Pony

midilli atı

Leopard

leopar

Nilpferd

su aygırı

Giraffe

zürafa

Adler

kartal

Wildschwein

yaban domuzu

Fisch

balık

Schildkröte

kaplumbağa

Walross

mors

Fuchs

tilki

Gazelle

ceylan

American Football
amerikan futbolu

Radfahren
bisiklete binme

Tennis
tenis

Basketball
basketbol

Schwimmen
yüzme

Boxen
boks

Eishockey
buz hokeyi

Fußball
futbol

Badminton
badminton

Leichtathletik
atletizm

Handball
hentbol

Skilaufen
kayak

Polo
polo

Aktivitäten
etkinlikler

lachen
gülmek
springen
atlamak
umarmen
sarılmak
gehen
yürümek
singen
söylemek
träumen
hayal etmek
beten
dua etmek
küssen
öpmek

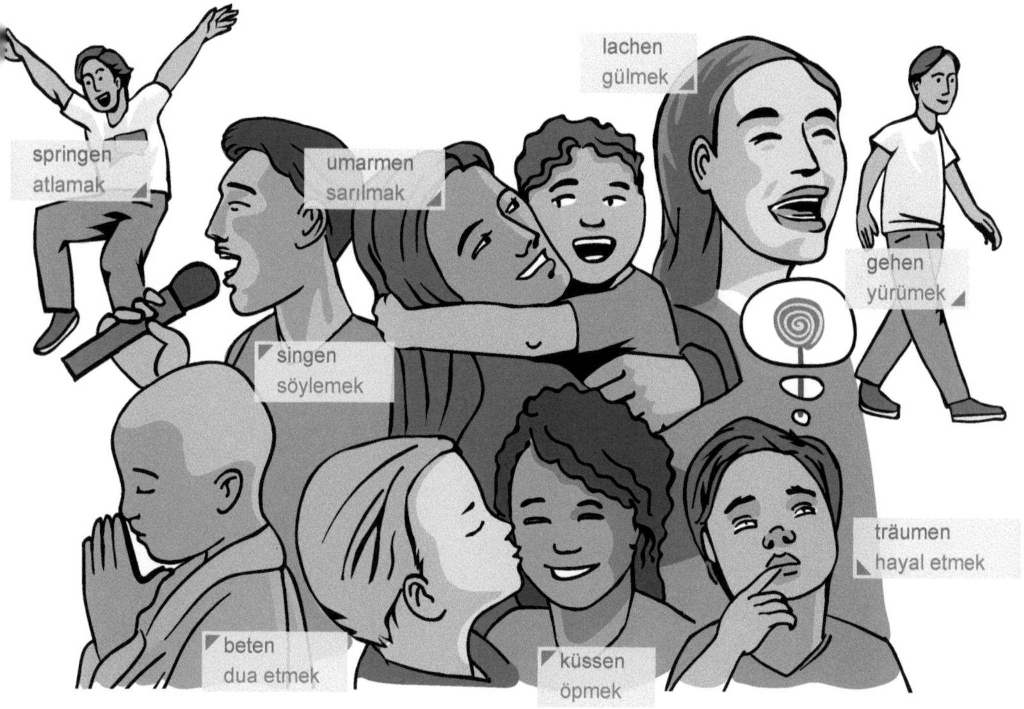

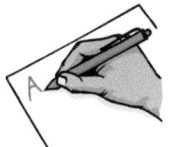

schreiben
yazmak

zeichnen
çizmek

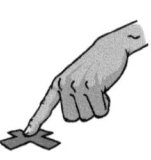

zeigen
göstermek

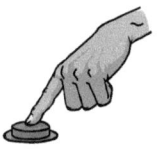

drücken
itmek

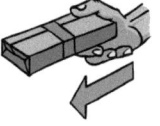

geben
vermek

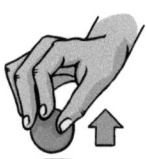

nehmen
almak

haben

sahip olmak

tun

yapmak

sein

olmak

stehen

ayakta durmak

laufen

koşmak

ziehen

çekmek

werfen

atmak

fallen

düşmek

liegen

yalan söylemek

warten

beklemek

tragen

taşımak

sitzen

oturmak

anziehen

giyinmek

schlafen

uyumak

aufwachen

uyanmak

ansehen	weinen	streicheln
bakmak	ağlamak	vurmak

kämmen	reden	verstehen
taramak	konuşmak	anlamak

fragen	hören	trinken
sormak	dinlemek	içmek

essen	aufräumen	lieben
yemek	düzenlemek	sevmek

kochen	fahren	fliegen
pişirmek	sürmek	uçmak

segeln

denize açılmak

rechnen

hesapla

lesen

okumak

lernen

öğrenmek

arbeiten

çalışmak

heiraten

evlenmek

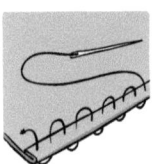

nähen

dikmek

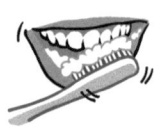

Zähne putzen

diş fırçalamak

töten

öldürmek

rauchen

sigara içmek

senden

yollamak

Familie
aile

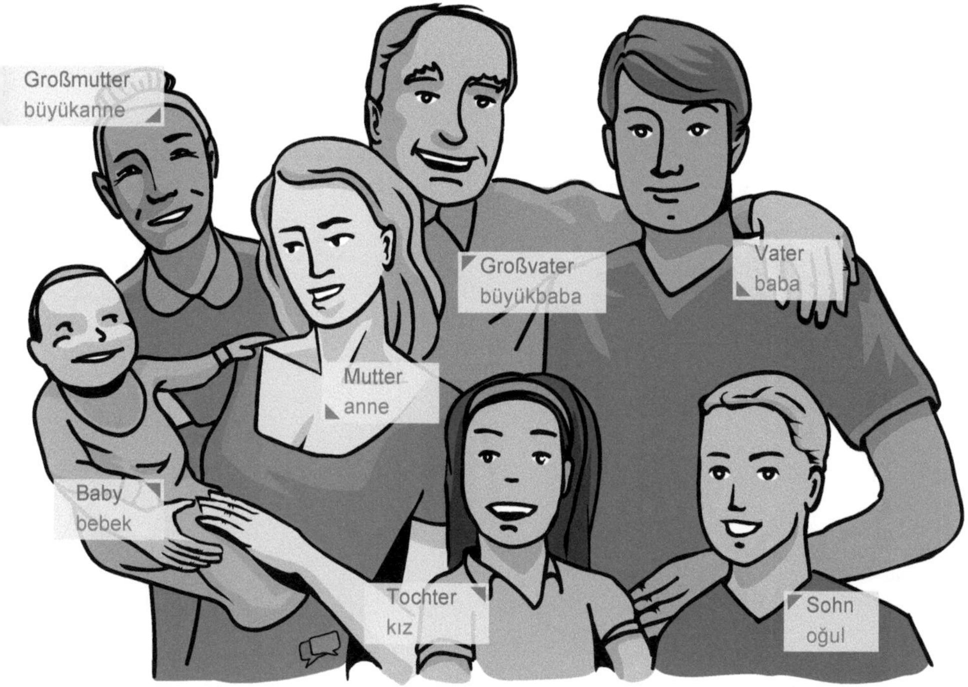
Großmutter
büyükanne
Großvater
büyükbaba
Vater
baba
Mutter
anne
Baby
bebek
Tochter
kız
Sohn
oğul

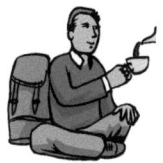

Gast

misafir

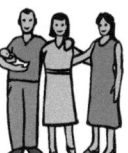

Tante

teyze

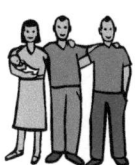

Onkel

amca

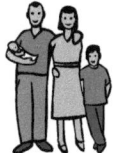

Bruder

erkek kardeş

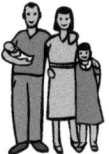

Schwester

kız kardeş

Körper

vücut

Stirn
alın
Auge
göz
Schulter
omuz
Finger
parmak
Gesicht
yüz
Kinn
çene
Hand
el
Bein
bacak
Brust
göğüs
Arm
kol

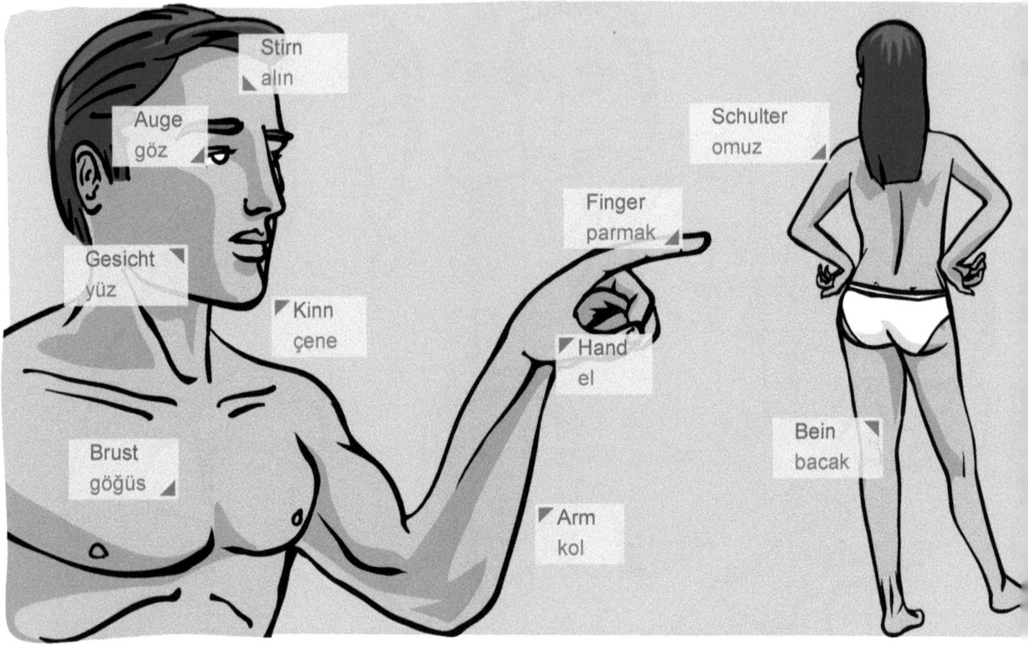

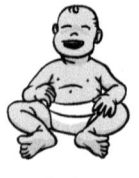

Baby

bebek

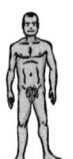

Mann

adam

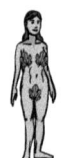

Frau

kadın

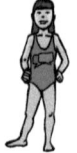

Mädchen

kız

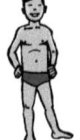

Junge

erkek çocuk

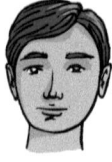

Kopf

baş

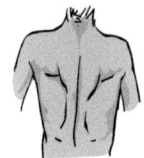

Rücken

sırt

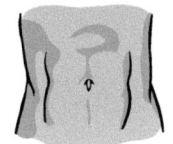

Bauch

karın

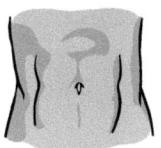

Nabel

göbek

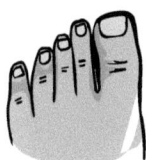

Zeh

ayak parmağı

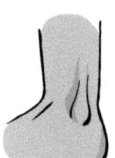

Ferse

topuk

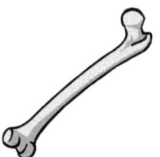

Knochen

kemik

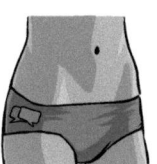

Hüfte

kalça

Knie

diz

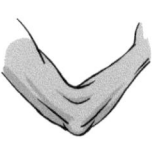

Ellenbogen

dirsek

Nase

burun

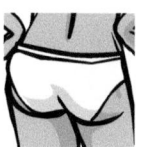

Gesäß

kalça

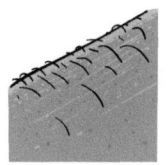

Haut

deri

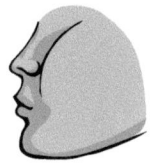

Wange

yanak

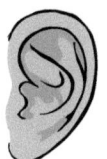

Ohr

kulak

Lippe

dudak

Körper - vücut

Mund

ağız

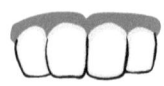

Zahn

diş

Zunge

dil

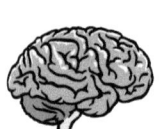

Gehirn

beyin

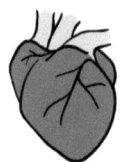

Herz

kalp

Muskel

kas

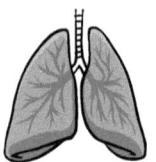

Lunge

akciğer

Leber

karaciğer

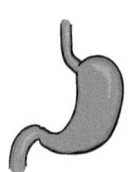

Magen

mide

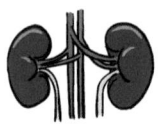

Nieren

böbrekler

Geschlechtsverkehr

seks

Kondom

prezervatif

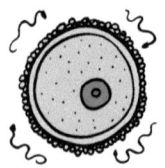

Eizelle

yumurtalık

Sperma

sperm

Schwangerschaft

hamilelik

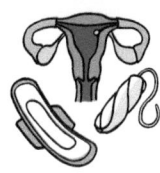

Menstruation

regl

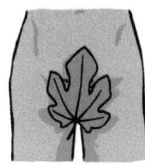

Vagina

vajina

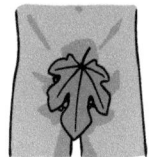

Penis

penis

Augenbraue

kaş

Haar

saç

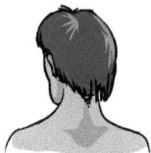

Hals

boyun

Körper - vücut

Krankenhaus
hastane

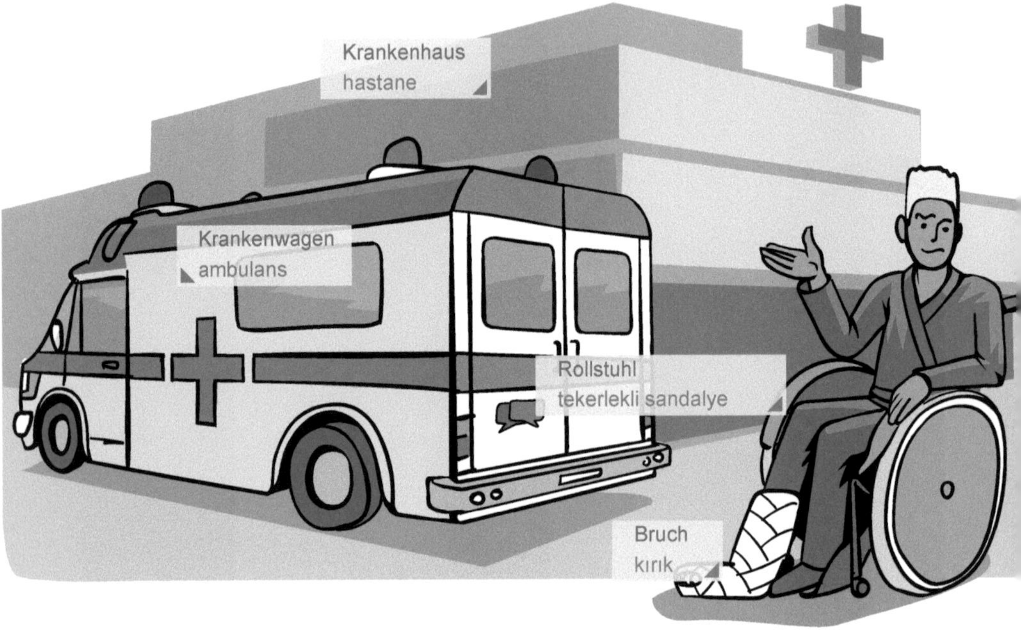

Krankenhaus
hastane
Krankenwagen
ambulans
Rollstuhl
tekerlekli sandalye
Bruch
kırık

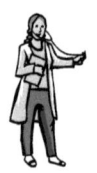

Arzt
doktor

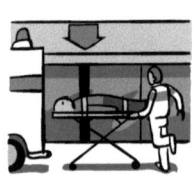

Notaufnahme
acil servis

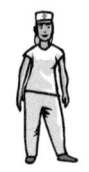

Krankenschwester
hemşire

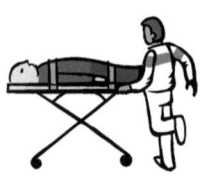

Notfall
acil

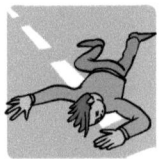

ohnmächtig
baygın

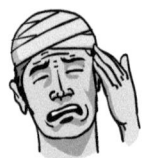

Schmerz
acı

Verletzung
yaralanma

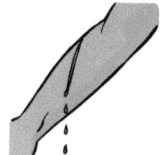

Blutung
kanama

Herzinfarkt
kalp krizi

Schlaganfall
felç

Allergie
alerji

Husten
öksürük

Fieber
ateş

Grippe
grip

Durchfall
ishal

Kopfschmerzen
baş ağrısı

Krebs
kanser

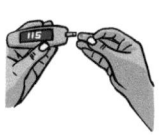

Diabetis
şeker hastalığı

Chirurg
cerrah

Skalpell
neşter

Operation
operasyon

	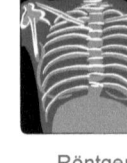	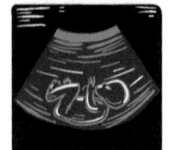
CT	Röntgen	Ultraschall
bilgisayarlı tomografi	röntgen	ultrason

Maske	Krankheit	Wartezimmer
yüz maskesi	hastalık	bekleme odası

Krücke	Pflaster	Verband
koltuk değneği	yara bandı	bandaj
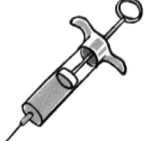	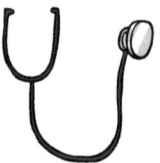	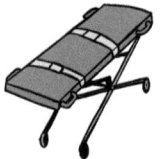
Injektion	Stethoskop	Trage
enjeksiyon	steteskop	sedye

Thermometer	Geburt	Übergewicht
tıbbi termometre	doğum	fazla kilo

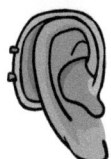

Hörgerät

işitme cihazı

Desinfektionsmittel

dezenfektan

Infektion

enfeksiyon

Virus

virüs

HIV / AIDS

HIV / AIDS

Medizin

ilaç

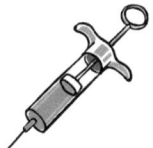

Impfung

aşı

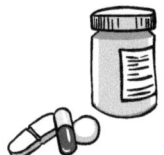

Tabletten

tablet

Pille

hap

Notruf

acil çağrı

Blutdruck-Messgerät

tansiyon aleti

krank / gesund

hasta / sağlıklı

Hilfe!

İmdat!

Alarm

alarm

Überfall

darp

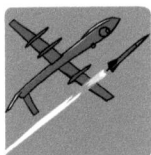

Angriff

saldırı

Gefahr

tehlike

Notausgang

acil çıkış

Feuer!

Yangın!

Feuerlöscher

yangın tüpü

Unfall

kaza

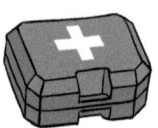

Erste-Hilfe-Koffer

ilk yardım çantası

SOS

imdat

Polizei

polis

Europa

Avrupa

Nordamerika

Kuzey Amerika

Südamerika

Güney amerika

Afrika

Afrika

Asien

Asya

Australien

Avustralya

Atlantik

Atlantik

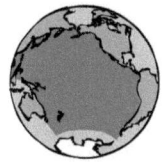

Pazifik

Pasifik

Indischer Ozean

Hint Okyanusu

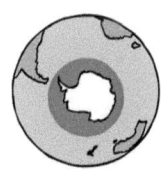

Antarktischer Ozean

Antarktika Okyanusu

Arktischer Ozean

Arktik Okyanusu

Nordpol

Kuzey Kutbu

Südpol

Güney Kutbu

Antarktis

Antarktika

Erde

dünya

Land

kara

Meer

deniz

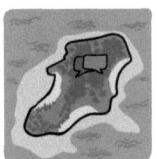

Insel

ada

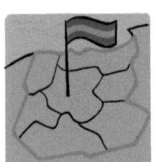

Nation

ulus

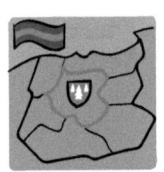

Staat

ülke

Zifferblatt

kadran

Stundenzeiger

akrep

Minutenzeiger

yelkovan

Sekundenzeiger

saniye ibresi

Wie spät ist es?

Saat kaç?

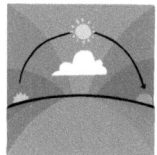

Tag

gün

Zeit

zaman

jetzt

şimdi

Digitaluhr

dijital saat

Minute

dakika

Stunde

saat

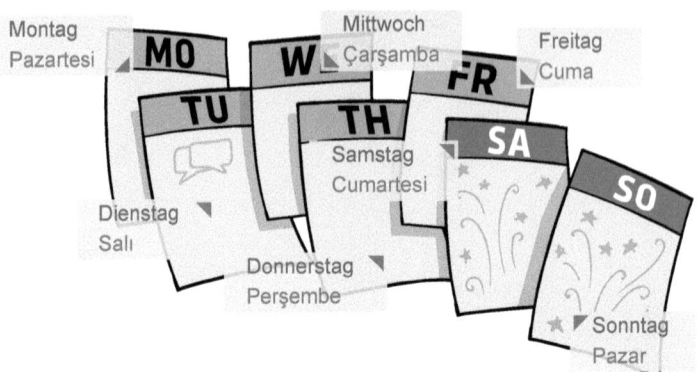

Montag
Pazartesi

Mittwoch
Çarşamba

Freitag
Cuma

Dienstag
Salı

Samstag
Cumartesi

Donnerstag
Perşembe

Sonntag
Pazar

gestern

dün

heute

bugün

morgen

yarın

Morgen

sabah

Mittag

öğle

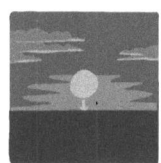

Abend

akşam

Arbeitstage

iş günleri

Wochenende

hafta sonu

Jahr

yıl

Regen
yağmur
Regenbogen
gökkuşağı
Schnee
kara
Wind
rüzgar
Frühling
bahar
Herbst
sonbahar
Sommer
yaz
Winter
kış

4.APRIL 11°
5.APRIL 4°
6.APRIL 13°
7.APRIL 8°
8.APRIL 10°

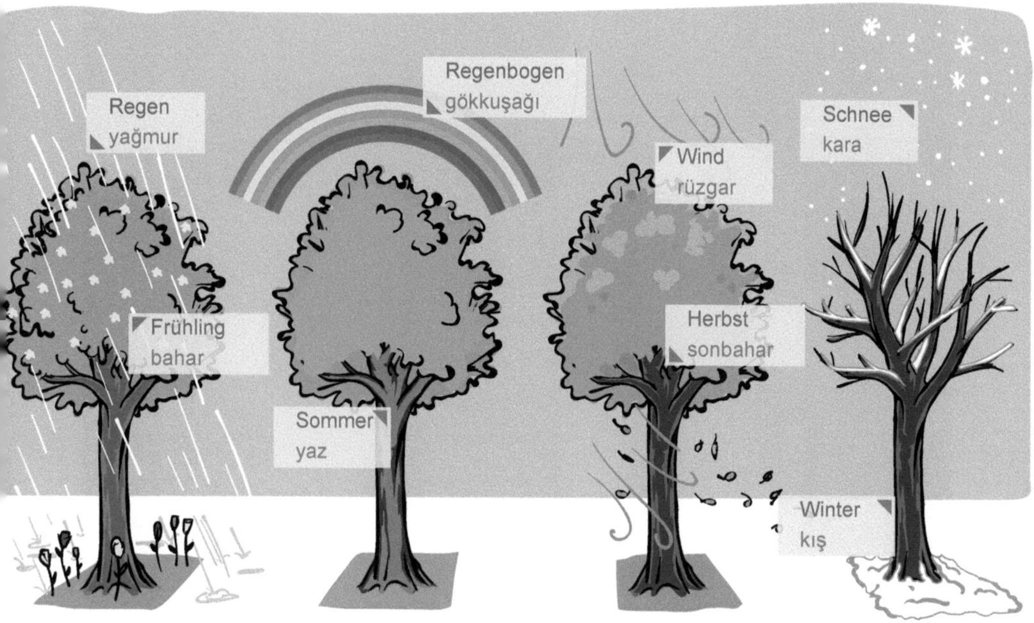

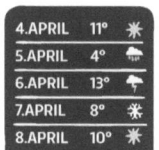

Wettervorhersage

hava durumu tahmini

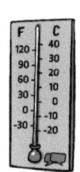

Thermometer

termometre

Sonnenschein

güneş ışığı

Wolke

bulut

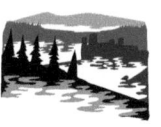

Nebel

sis

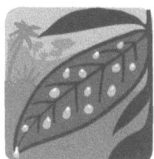

Luftfeuchtigkeit

nem

Blitz

şimşek

Donner

gök gürültüsü

Sturm

fırtına

Hagel

dolu

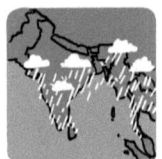

Monsun

muson

Flut

sel

Eis

buz

Januar

Ocak

Februar

Şubat

März

Mart

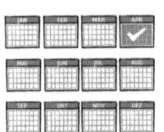

April

Nisan

Mai

Mayıs

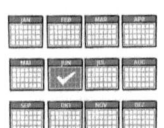

Juni

Haziran

Juli

Temmuz

August

Ağustos

Jahr - yıl

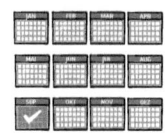

September
....
Eylül

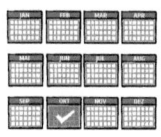

Oktober
....
Ekim

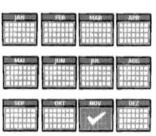

November
....
Kasım

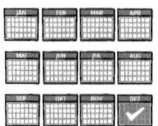

Dezember
....
Aralık

Formen
şekiller

Kreis
....
daire

Quadrat
....
kare

Rechteck
....
dikdörtgen

Dreieck
....
üçgen

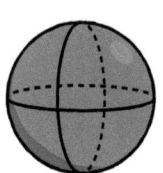

Kugel
....
küre

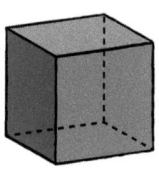

Würfel
....
küp

Farben
renkler

weiß

beyaz

gelb

sarı

orange

turuncu

pink

pembe

rot

kırmızı

lila

mor

blau

mavi

grün

yeşil

braun

kahverengi

grau

gri

schwarz

siyah

viel / wenig

çok / az

wütend / friedlich

kızgın / sakin

hübsch / hässlich

güzel / çirkin

Anfang / Ende

başlangıç / son

groß / klein

büyük / küçük

hell / dunkel

parlak / karanlık

Bruder / Schwester

erkek kardeş / kız kardeş

sauber / schmutzig

temiz / kirli

vollständig / unvollständig

tamam / eksik

Tag / Nacht

gün / gece

tot / lebendig

ölü / canlı

breit / schmal

geniş / dar

genießbar / ungenießbar

yenilebilir / yenilemez

böse / freundlich

kötü / iyi

aufgeregt / gelangweilt

heyecanlı / sıkılmış

dick / dünn

şişman / zayıf

zuerst / zuletzt

ilk / son

Freund / Feind

dost / düşman

voll / leer

dolu / boş

hart / weich

sert / yumuşak

schwer / leicht

ağır / hafif

Hunger / Durst

açlık / susuzluk

krank / gesund

hasta / sağlıklı

illegal / legal

yasa dışı / yasal

intelligent / dumm

zeki / aptal

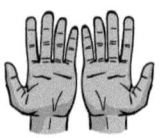

links / rechts

sol / sağ

nah / fern

yakın / uzak

neu / gebraucht
yeni / kullanılmış

nichts / etwas
hiçbir şey / bir şey

alt / jung
yaşlı / genç

an / aus
açma / kapama

offen / geschlossen
açık / kapalı

leise / laut
sessiz / gürültülü

reich / arm
zengin / fakir

richtig / falsch
doğru / yanlış

rau / glatt
pürüzlü / düz

traurig / glücklich
üzgün / mutlu

kurz / lang
kısa / uzun

langsam / schnell
yavaş / hızlı

nass / trocken
ıslak / kuru

warm / kühl
sıcak / serin

Krieg / Frieden
savaş / barış

0	**1**	**2**
null	eins	zwei
sıfır	bir	iki

3	**4**	**5**
drei	vier	fünf
üç	dört	beş

6	**7**	**8**
sechs	sieben	acht
altı	yedi	sekiz

9	**10**	**11**
neun	zehn	elf
dokuz	on	on bir

12

zwölf

on iki

13

dreizehn

on üç

14

vierzehn

on dört

15

fünfzehn

on beş

16

sechzehn

on altı

17

siebzehn

on yedi

18

achtzehn

on sekiz

19

neunzehn

on dokuz

20

zwanzig

yirmi

100

hundert

yüz

1.000

tausend

bin

1.000.000

million

milyon

Englisch

İngilizce

Amerikanisches Englisch

Amerikan İngilizcesi

Chinesisch Mandarin

Çince (Mandarin)

Hindi

Hintçe

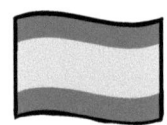

Spanisch

İspanyolca

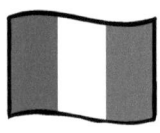

Französisch

Fransızca

Arabisch

Arapça

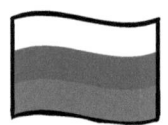

Russisch

Rusça

Portugiesisch

Portekizce

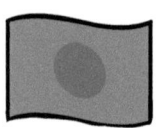

Bengalisch

Bengalce

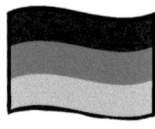

Deutsch

Almanca

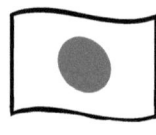

Japanisch

Japonca

ich

ben

du

sen

er / sie / es

o

wir

biz

ihr

siz

sie

onlar

wer?

kim?

was?

ne?

wie?

nasıl?

wo?

nerede?

wann?

ne zaman?

Name

isim

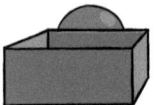

hinter

arkasında

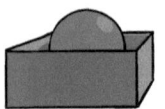

in

içinde

vor

önünde

über

üzerinde

auf

üstünde

unter

altında

neben

yanında

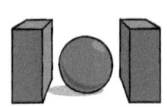

zwischen

arasında

Ort

yer